시골 소리 부르는 고향의 냄새

시골소리 부르는 고향의 냄새

김종구 첫 시집

머리글

살다 보니 이렇게 재미있는 일도 있습니다.
얼굴도 두꺼운 것 같습니다.
누군가가 보면 웃을 일입니다.
용기가 가상합니다.

시집 낼 생각을 하다니 말입니다.
그냥 습작 노트나 컴퓨터 파일에 가둬놓지 않고
인쇄해서 민낯을 드러낸다니
참 재미있는 일입니다.

용기가 필요했습니다.

우리의 박종규 선생님은
시 전문 교수이십니다
그리고,
격려와 칭찬에 진정한 대가이십니다.
그래서,
이렇게 시집으로 엮어보게 되었습니다.
감사의 마음이 한 수레입니다.

개구리처럼
올챙이 시절 망각하고
그냥 소리를 내어 보려고 합니다.
개굴개굴

2024. 6. 16

시인·목사·선교사 김 종 구

차 례

머리글/ 4

제1부 바람을 탓하며/ 11

봄바람/ 13
봄/ 14
바람을 탓하며/ 16
목련꽃 신발/ 18
보릿고개/ 20
이팝나무/ 22
겨울눈/ 24
들풀/ 25
매미/ 26
사람 사는 소리/ 28
고향 소리 부르는 시골의 냄새/ 30
반성하는 마음으로/ 32
서귀포의 아침/ 34
바다에 바람이 분다/ 35
꽃집 아가씨/ 36
까치밥/ 38

제2부 도토리 사랑의 오작교 되어 / 39

문장부호로 말하는 인생/ 41
우리 엄마/ 42
아버지/ 45
만우절 짜장면/ 46
이 나쁜 양반아/ 48
도토리 사랑의 오작교 되다/ 50
부부/ 52
행복이란 무엇일까/ 54
우리 사이/ 55
感性돔/ 56
월세방/ 57
개구리의 기억력/ 58
노망인가 했더니/ 60
손녀의 우산/ 61
데크레센도/ 62

제3부 **꿈틀대는 지렁이의 연설**/ 65

몰랐어요/ 67
구름雲/ 68
슬픈 금메달/ 70
쉼표/ 72
시는/ 75
잠시, 멍때리면 보이는 것을/ 76
똥/ 78
내비게이션/ 79
사랑은 발로 하는 거예요/ 80
사라진 이웃/ 82
꿈틀대는 지렁이의 연설/ 84
저녁 뉴스/ 87
시에게/ 88
약속/ 90
오월의 슬픔/ 92
우렁각시 쌈밥집/ 94

제4부 **베드로의 슬픈 연가**/ 95

왜 그렇게 하셨을까/ 97
자월도의 새벽/ 98
은혜의 물/ 100
눈물의 맛/ 102
찾아오셨네/ 104
사해/ 106
고집쟁이/ 108
베드로의 슬픈 연가/ 110
신실하신 분/ 112
이별과 재회/ 114
뛰는 가슴/ 116
고마운 친구들/ 118
the Q & the A/ 121
인생은/ 122
자화상/ 124
더 멀리 더 가까이/ 127

맺음말/ 128

제1부 바람을 탓하며

봄바람
봄
바람을 탓하며
목련꽃 신발
보릿고개
이팝나무
겨울눈
들풀
매미
사람 사는 소리
고향 소리 부르는 시골의 냄새
반성하는 마음으로
서귀포의 아침
바다에 바람이 분다
꽃집 아가씨
까치밥

봄바람

따스한 봄바람 불었으면 좋겠습니다

북풍한설 몰아낸
부는 듯 마는 듯 미끄러져 온
봄바람

얼음장 같던
님의 마음을 열어 준 것은
새싹 움트는 소리 라일락 향기에 담아 배달해 준
봄바람

여전히 겨울같은 동굴에 있는 이들에게
봄의 교향악이
울려 퍼지면 좋겠습니다

따스한 봄바람이 불었으면 좋겠습니다

봄

막강 추위
계급도 높은 동.장.군
소리없이 물리치고
당당히 입성한
봄

개나리 벚꽃 첨병 삼아
목련 진달래 연산홍 사단 이끌고
움트는 나무마다 파릇한 내음 달아놓은
봄

봄의 소리
노란 소리 분홍 소리 하얀 소리 자색 소리
소프라노 알토 테너 베이스 합창 소리
겨울 이긴 승리의 노래
봄의 왈츠 환희의 송가

봄은
내 눈에
내 귀에
내 마음에
고운 희망으로 다가와 노래합니다
첫사랑처럼
살포시 팔짱 끼고 속삭입니다

내년 이맘때
꼭
다시 올거라고
희로애락 엄동설한 염려 말라고

봄은 약속인가 봅니다

바람을 탓하며

꽃잎 떨어지니
바람을 탓하리라

내 님과 걷기로 약속한
서부간선도로 변 꽃길
먼저 핀 개나리 진치고
뒤따라온 벚꽃 장관 이루고
군데군데 목련이 고상한 듯 피어 있네

예고 없이 비바람
꽃잎 다 떨구었네
미워 죽겠다

개나리 자취 감추고
벚꽃 다 바닥에 내려앉고
목련은 한 잎 두 잎 남아있을 뿐

내 님과 약속
지키지 못했는데
울고 싶어라

내년에도
개나리 벚꽃
목련 피겠지

목련꽃 신발

추사 김정희 생가 앞마당
자목련 나무 그늘
한 가족
아들 하나 딸 하나

떨어진 꽃잎 주워
어린 딸 발에 대며
꽃 신발이라 하네

목련 꽃잎
딱
아가 발 모양일세

엄마는
눈썰미가 좋은건가
감성이 풍부한건가

기뻐하는 어린 딸
눈썰미, 감성
엄마 닮으면 좋겠다

보릿고개

춘삼월
강남 갔던 제비 돌아오는
삼월 삼짇날 되면

곳간은 비어있고
여기저기 배곯는 소리

찔레나무 속 껍질 벗겨 먹고
송홧가루 털어 먹고
아카시아꽃 따서 달콤새콤 먹고
개구리 뒷다리 뽑아 구워 먹고
쑥버무리 해 먹고

초근목피 시절
이름하여
보릿고개라 하나

나이 들어 생각하니
그건
배고픔 아니고
그저
아련한 추억일세

이팝나무

봄비 내리는 저녁
소쩍새의 허기진 울음소리
빗줄기 타고 구슬프게 흘러
가난한 아랫집 담을 넘어가는구나

아가야
저 아래로 날아가 보렴
눈같이 새하얗게
쌀밥같이 소복소복
이팝나무에게 가 보렴

크디큰 가마솥 같은 이팝나무
푸근한 시어머니 같은 쌀밥나무

봄비 내리는 저녁
포만감 담은 소쩍새 웃음소리
봄비 내리는 저녁을 가득채우는구나

그래도
네 이름은
소쩍새

겨울눈

길고 혹독한 겨울
북풍 모질게 불어
문풍지도 얼어붙은 엄동설한

나무의 생명은
'겨울눈'에 숨어 있구나

잎도 꽃도
거기서 나오는 것을
예전엔 몰랐구나

사노라면
지옥 같은 깊은 수렁
시베리아 겨울 같은 한파

인생의 '겨울눈' 있어
살고 사랑하고 힘 내어
희망의 바다로 노 저어가는 인생 아름다워라

들풀

들풀은
꽁꽁 언 땅 원망하지 않고
콘크리트 바닥 아랑곳하지 않고
끝내는 비집고 얼굴 내밀고

들풀은
쉴 틈도 없이
이름도 없는 꽃 한송이 피우려고
있는 힘 다 쏟아붓고

해산하듯
피어난 들풀의 꽃들
세필로 봄을 색칠하고 있구나

들풀은 위대한 엄마였구나

매미

羽化 전

유년기
햇빛 없는
흙 속에 묻혀
칠 년

청춘기
땅 위에서
에로스의 사랑 즐기다
울퉁불퉁 나뭇가지에 해산

노년기
햇빛 작렬하는 더위
나무 그늘에 숨어
십오 일
짧은 생애 슬퍼하며 울다가

단풍도 모르고
눈꽃도 모른 채
하직하는구나

나무줄기에 뿌려진 후손들
부화하여
애벌레 되어
다시 흙 속으로

나무뿌리에 기생하며
물관에 흐르는
수액 양식 삼아
일곱 해의 땅속 삶을 시작하는구나

매암 매암~
찌르 찌르~

사람 사는 소리

모내기하는 소리
에헤레루 상다디야 못줄 넘기는 소리
아이구 허리야 엄살 피는 소리
새참 먹으라는 반가운 소리
아름다운 소리

산나물 캐는 소리
소쿠리 옆에 차고 달리는 아낙네들의 자유로운 영혼의 소리
시시콜콜 웃음주머니 터지는 소리
나물은 언제 캐나 즐거운 한숨 소리
아름다운 소리

시골 장터 소리
싸다 싸 목청 높이는 장돌뱅이 아저씨 소리
갓 판 푸른 고추 팔려는 할머니 애절한 소리
한잔 걸치신 할아버지 술주정 소리
풀빵 사달라 떼쓰는 아이들 소리
왼손에 아가들 검정 고무신
오른손에 고등어 한 손 우리 어머니 콧노래 소리
아름다운 소리

하하하 깔깔대는 소리
세 돌 지난 우리 손녀
할아버지랑 숨바꼭질
문 뒤에 숨어 있는 할아버지 발견하고

하하하 깔깔깔 웃음소리
아, 천사의 소리
오! 아름다운 소리

시골의 소리 부르는 고향의 냄새

정월 대보름 지나
자다 오줌 싸도 못 말릴 불장난
봄을 불러오는 매큼한 냄새
논두렁 태우는 소리

어둠 내리는 이른 저녁
사랑채 걸려있는 가마솥
소죽 끓이며 덩달아 얹어 익어가는 고구마 냄새
가마솥 끓는 소리

마당 가득 널려 있는 콩
으쌰 사정없이 내리치는 도리깨
콩나물국 두부 콩자반 떠올리는 냄새
콩 도리깨질 소리

어쩌다 한번 할머니 어머니 한자리
툇마루 무거운 돌 두 짝
갈려 나오는 거친 콩 국물 진한 콩국수 냄새
맷돌 가는 소리

호출되어 나온 남자 우리 아버지
입 벌리고 우뚝 서 있는 절구통 향해 돌진하는 떡 매
고분고분 분골쇄신 고와진 떡 반죽 덩이
깨 콩가루 묻힌 인절미 냄새
절구 찧는 소리

아름다운 소리
맛있는 시골의 냄새
솔솔미파솔 라라솔
고향의 냄새

반성하는 마음으로

할아버지가 보았으면 맏며느릿감 같은 꽃이라고
할 것 같습니다
아무도 꽃으로 취급하지 않는 꽃입니다
너도 꽃이냐고 놀림을 받는 꽃입니다

눈길 한 번 안 주고 지나치는 내게
큰 눈으로 빤히 바라보며 속삭이는 듯합니다
양심에 가책이 밀려왔습니다
스마트 폰 속 가득한 사진 몽땅 넘겨보았습니다

어느 해 어느 계절 앨범에도 한 컷도 없습니다
깊이 반성하는 마음으로 카메라에 담았습니다
아래에서 위에서 옆에서 가까이에서 크게 작게 찍어댔습니다
한참이나 보고 있노라니
아름답기가 양귀비 같았습니다

호박꽃의 넋두리가 들리는 듯합니다
나도 분명히 꽃인데,
나도 꽃이라고…

서귀포의 아침

창밖에
태고의 바다
하늘을 담고

창안에
삼사십 년 전 한솥밥 먹던 중년의 벗들
인생을 담고

서귀포의 아침은
바닷갈매기
하늘 바다 벗을 담고 날아오른다

바다에 바람이 분다

한라산을 병풍처럼 둘러싼 흰 구름
모차르트의 음악처럼 잔잔한 바다
춤추듯 반짝이는 나뭇잎
모닝커피의 고즈넉한 향 가득한 아침

 바람이 분다
 세차게...

 바다는 파도가 되고
 흰구름은 비가 되고
 나뭇잎은 바람이 되는
 제주의 아침

꽃집 아가씨

합정역 지하상가 전에 없던 꽃집
봄의 향기로 역사를 메운다

돌연 스쳐가는 유행가 가락
꽃집의 아가씨는 예뻐요

오래오래 전
대전역서 동냥하던 소년의 분노 섞인 노랫말
얼굴만 예쁘다고 여자냐
마음이 고와야 여자지

꽃도 그러려니
화려하다고 다 꽃인가
향기도 없는 것을 어찌 꽃이라 할 수 있으랴

꽃집의 간판이 보인다
'이슬향기플라워'
마음이 향기롭겠다

꽃집 아가씨는 수선화 다발에 가려 있다

까치밥

가지 끝 여기저기 남겨진 감은
까치밥이라네

미물인 까치도 헤아리는
가난한 농부의 사랑이려니

밭이랑 여기저기 떨어져 있는 보리 이삭
가난한 이웃 사랑일세

공중 나는 새를 먹이고
나그네와 과부 먹이시는
天父의 사랑 아닐까

제2부 도토리 사랑의 오작교가 되다

문장부호로 말하는 인생
우리 엄마
아버지
만우절 짜장면
이 나쁜 양반아
도토리 사랑의 오작교 되다
부부
행복이란 무엇일까
우리 사이
感性돔
월세방
개구리의 기억력
노망인가 했더니
손녀의 우산
데크레센도

문장부호로 말하는 인생

인생은 무엇인가?

인생은 나그네다.

인생은 사랑, 슬픔, 그리움,

그래도
인생은 아름다움이어라!

우리 엄마

안면도 댁 우리 엄마

경주김씨 집안에
시집온 지 팔 년 만에
날 낳으셨으니

집안 대 끊긴다고
소박을 맞아도 몇 번을 맞았을
위기의 순간
우리 집안 장손을 낳으시고

태의 문이 열려
다섯 남매 낳으시고
화살통에 화살 가득한
복 있는 사람 되셨네요

철도공무원
아버지 박봉으로
다섯 남매 키우기 버거우셨는지
사는 동안에 종종 내뱉으시던 푸념
"내가 먼저 선본 비행기 조종사한테 시집갔으면
이렇게 어렵게 안 살 텐데…?"

다섯 남매 잘 키워주시고
행복해하시며 사시던 우리 엄마

여전히
가슴 속에 살아 계십니다
눈감으면 볼 수 있어도
눈 뜨면 보이지 않는 우리 엄마

오늘 밤
눈 꼭 감고
유난히 좋아하시던
잘 익은 단감 먹으면
꿈에서나마 뵐 수 있을까

우리 엄마

아버지

깡촌 가마골 사시던 아버지
孟母三遷之敎 실천가 되어
장남 학교 따라
한밭으로 이사하셨다

시끌벅적 한밭 사시던
우리 아버지
이십 년 전
영천호국원으로 이사하셨다

일흔넷의 삶
영천 땅에 묻으신 우리 아버지
잠시 떠나왔던 본향으로 이사하셨다

하늘나라 영원한 시민 되셨겠다

우리 아버지

만우절 짜장면

장난기 가득하던 시절
만우절
고만고만한 우리 오 남매는
아버지를 놀려먹기로 했다

총책은 장남인 내가
공무원인 아버지 사무실에
전화를 걸어

"아버지 학교 갔다 왔더니
엄마가 없어요
집안도 어질러 있고
큰 가방도 없고
어떻게 해요"

부리나케 달려오신 아버지

어머니
여보 어서 와요
우리 오남매 일렬로 서서
아빠 어서 오세요
오늘 만우절이에요

하하
우리 아버지
"덕분에 일찍 퇴근했구나
야~
우리 짜장면 먹으러 갈까"

만우절은
짜장면 먹는 날외 되었다

이 나쁜 양반아

아흔셋 장인어른
일상처럼 조반 잘 드시고
따뜻한 온돌방에서 누워계시다가
점심 거르시고
이른 저녁 드시라고 흔들어도
깨우고 불러도 묵묵부답

칠십 년 넘게
같이 사신 장모님
혼자 울부짖는 말
"이 나쁜 양반아 무엇이 그리 바빠서
미안하단 말 한마디 안 하고 가버렸나
미안하단 말 한마디…"

호흡 있는 동안에
자주 말하리라

여보 미안해요
아들아 미안해
우리 딸아 미안해
친구여 미안하네

도토리 사랑의 오작교 되다

내 생각하며
주었다고

그녀가
살포시 내 손바닥에 쥐어준 건
갓 주어 온
도토리 두 알

그녀가
날 생각한다는 증거
날 사랑한다는 고백
도토리 두 알

깡촌 출신 머슴아
잠 못 이루는 밤
두 손에 꼭 쥐어있는
도토리 두 알

도토리 두 알
주운 그녀
도토리 두 알
받은 머슴아

결혼하여

아들 하나
도토리 한 알
딸 하나
도토리 한 알

부부

반세기 전
온달은
평강 공주를 만났습니다

둘이
함께 먹고 걷고 눕고
한 몸 되어 희로애락을 품어내고 있습니다

공주와 온달은
20대는 애인으로
30대는 여보 당신으로
40대 때부터 친구로 살고 있습니다.
더 늙어가면서 무엇으로 살까 궁금합니다

평강 공주와 온달
출장과 코로나-19가 갈라놓은 때 말고는
각방 써 본 일없이
춘하추동 그저 붙어서 살고 있습니다
바보처럼 말입니다

온달은
평강 공주를
그렇게 사랑하고 있습니다.

온달은 진짜 바보인 것 같습니다

행복이 무엇이랴

아들이 장가를 갔다
예쁜 아내를 얻었다

손녀를 낳았다
또
손녀를 낳았다
또
낳았다
손주를...

시끌벅적 웃음 소리 울음소리
마루 바닥은 전쟁터
식탁은 난장판
얼굴은 파편투성이

행복이 무엇이랴
고맙다
사랑스럽다

우리 사이

우리 사이
무엇이 흉이랴
무엇이 비밀이랴
무엇이 자존심이랴

못난 성깔이랴
벌거벗은 몸이랴
한 번 이겨보겠다고 각 세우던 자존심이랴

흉 비밀 자존심
지구 밖으로 던져버리고

오늘도
당신은
늙어가는 나를
가슴 설레게 하는 소녀이어라

感性돔

아내는
지성 최고
이성 가득

남편은
끄덕끄덕
두리번두리번

感性돔 잡으러 가네

월세방

복부인 따라 이사한 것도 아니고
재개발 지역 따라 이사한 것도 아니고
학군 따라 이사한 것도 아닌데
월세 따라 살다 보니…

주민등록등본이 세 장이나 된단다

그것도 모자라
물 건너 남의 땅
열여섯 해를 돌았으니…

해 늦은 이제라도
아내에게
아이들에게 용서를 빌어야 하지 않겠는가?

개구리의 기억력

세 돌 막 지난
큰 손녀
두 돌 조금 남은
둘째 손녀

조잘조잘
그래도 말을 좀 하는 큰 손녀
동생을 가리키며
느닷없이

"할아버지 얘는 왜 말을 못 해"

인생은 그런건가
올챙이 시절을 기억 못 하는 건
고금동서 남녀노소
고칠 수 없는 인류의 질병인가

"얘는 왜 말을 못 해"
생태공원 작은 연못에서
개굴개굴 웃음소리가 들린다

노망인가 했더니

하는 짓이 유치하기가 짝이 없고
네 발로 엉금엉금 기어 다니기까지
이불 뒤집어쓰고 숨기도 하고
멍멍 야옹 음매 꺅꺅 정체 모를 소리까지
혀 짧은 소리는 또 뭐고…
노망인가 했더니
세 살짜리 손녀 사랑일세

손녀의 우산

어제도 오던 봄비 여전히 내리는 아침

우리 손녀
올망졸망한 발에 분홍색 장화 신고
앙증맞은 손에 빨간 우산 쓰고
유치원 간다

산에도 비는 오고
보드라워진 대지를 뚫고
여기저기 피어 있는 연초록 우산
도토리 솔방울이 새싹되어 얼굴 내밀고
봄비 맞으며 피어있다

우리 손녀
집에 갈 때
봄비가 멈추려나
빨간 우산 써야 하려나

데크레셴도

내가 손자였을 때 가족사진
5남 2녀 두신 할아버지 회갑 날 사진
마당에 멍석 깔고 차일 치고
22명 허다한 자손
가족 수보다 더 많은 눈물과 웃음 담은 사진

내가 아들이었을 때 가족사진
3남 2녀 두신 아버지 회갑 날 사진
잔칫상에 9명 자손
자그만 가족 공동체 담은 사진

내가 아버지일 때 가족사진
1남 1녀
셀카로도 찍을 수 있는 사진

내가 할아버지가 된 지금
가족사진 손주 셋
열 손가락만큼도 안되는 사람 사진

아들이 할아버지가 될 때 가족사진
그땐
가족사진 있을까
인류가 있으려나
박물관에서나 찾아볼 수 있겠지

더 빛바래기 전에
비 내리는 이 밤
눈물과 웃음과 원망과 가슴 아린 추억의 소리 들어야겠다
앨범에 쌓인 회색 먼지 털고…

제3부 꿈틀대는 지렁이의 연설

몰랐어요
구름雲
슬픈 금메달
쉼표
시는
잠시, 멍때리면 보이는 것을
똥
내비게이션
사랑은 발로 하는 거예요
사라진 이웃
꿈틀대는 지렁이의 연설
저녁 뉴스
시에게
약속
오월의 슬픔
우렁각시 쌈밥집

몰랐어요

시 한 줄 쓰기
이리 어려운지 몰랐어요
머리에 수건 동여매도
한 줄 못 쓰고 끙끙

詩想 한 웅큼 잡기
이리 막막한지 예전엔 몰랐어요
책더미 속에 파묻혀도
詩想 한 조각 그리지 못하고 끙끙

詩想 한 조각 없으니
시 한 줄 쓰지 못하고 있어요
봄이 오면 시상 한 웅큼 잡히려나
꽃이 피면 시 한 줄 써지려나

아
쓰고 싶어라
봄 향기 담아내는 시 한 편

구름雲

구름雲
이름도 많다

흰 구름, 검은 구름, 먹구름 비구름…
뭉게구름, 새털구름, 양털구름…

구름雲
바람에 밀려 이곳저곳 떠도는 나그네인가
디오게네스의 태양 빛을 가리는 심술쟁이인가
땅의 것들에게 열 받아 하늘로 올라간 심보인가보다

구름雲
비雨 밑에
이를云
비를 품고 바람따라 흐르다가

목말라 하던 기다리는 대지 위에
빗물 되어 찾아와
식물의 수분으로
동물의 마실 물로
공장의 냉각수로
우리에겐 생명의 구성체로…

흔적도 없이
한 웅큼 남김없이
온몸을 대지에 부어주었구나

구름 雲!

슬픈 금메달

남의 틀린 것 찾아내는데 금메달
덮어주고 눈 감아 주는데 노메달

가까운 사람 흉보고 혼내는 일에 금메달
박수치고 칭찬하는 일에 노메달

사촌이 잘하면 배 아픈데 금메달
잘되라고 등 두드려 주는 일에 노메달

어쩌다
파리 잡아 으쓱대는 아들에게
눈먼 파리였나 보구나

아
나는 어찌 그리
칭찬에
박수에
인정에 인색했던가.

이제라도
박수 크게 쳐야겠다
그동안 모아둔
금메달 다 반납하고 싶은데…

세월이 이리 가버렸으니
늦어버렸나 어쩌지…

쉼표

'컴마'라고도 하고
'쉼표'라고도 하는
　너
　" , "

연애편지 곳곳에 꼭 있어야 해
쉼표 없는 러브 레터 읽다
산소 같은 애인 기절하면 안 되잖아

오선지 악보에 꼭 있어야 해
쉼표 없는 곡 노래하다
오페라 가수 호흡곤란증 오면 안 되잖아

굽이굽이 인생길에 군데군데 박아놓아야 해
365일 앞만 보고 달리다
마침표 찍으면 안 되잖아

쉼표 진하게 찍어놓고
,
우리 같이
하나, 둘,
셋, 넷,
다섯,

조금 천천히
인생길 버겁다 말고
나머지도
강물처럼 서서히

여섯,
일곱,
여덟,
아홉,

열은 왜?
또,
언젠가 쉴 때
열, 하고 쉬려고…

시는

시는 무엇일까?

시는 이야기일까
시는 노래일까
시는 그림일까
시는 춤일까

시는 무엇일까

시는 희로애락의 삶을 이야기하는 걸까
시는 낡은 붓으로 그리는 그림일까
시는 혼자 흥얼거리는 노래일까
시는 흥에 겨워 추는 춤일까

시는 무엇일까?

잠시, 멍때리면 보이는 걸

잠시
고개를 숙이면
저 아래 발 근처
조그맣게 피어 있는
미간을 찌푸리고
시선을 모아야 보이는 이름 모를 꽃 보이는구나

잠시
고개를 들면
저 하늘 높이
유유자적 흘러가는
눈에 힘 빼고
그냥 멍 때리면 보이는 구름 꽃 보이는구나

잠시
눈 감으면
저 깊숙한 곳에서
밀려오는 그리움
오감 차단하고
눈을 감으면 보이는 사랑의 불꽃 보이는구나

잠시,
멍때리면 보이는 걸…

똥

개똥은 약에나 쓴다지
소똥은 말려서 땔감에나 쓰지
커피 먹은 고양이 똥은 비싼 커피나 되련만

내 똥은 어디에 쓰나
악취나 풍길 텐데
여태껏 향기 나는 줄 알고 살았나 싶다

내비게이션

가끔은
그녀가 없으면 안 가도 될 곳까지도
구태여 굽이굽이 찾아간다
지구촌 구석구석 다 들통나게 생겼다

때로는
몰라서 못가도 괜찮은 곳까지도
구태여 친절하게도 모셔다준다
과유불급이 아닌가 싶다

걱정이다
지구촌이 조용할 날이 없을 것 같다
인간들의 망설임 없는 걸음 어디까지 갈 것인가

그녀의 목소리가 들린다

"잠시 후 목적지에 도착하겠습니다."

사랑은 발로 하는 거예요

사람들은 말합니다
사랑의 품사는 형용사가 아니라고
사랑의 품사는 동사라고

사람들은 말합니다
사랑은 눈으로 하는 것 아니라고
사랑은 손으로 하는 것이라고

사람들은 말합니다
사랑은 입술로 하는 것 아니라고
사랑은 주는 것이라고

나 이제
중년이 훨씬 넘어 이제 말합니다
사랑은 발이 하는 것이라고

외로울 때 다가가서 두 손 잡아주고
꼭 끌어안아 주고
입을 맞추고 하는 일
발이 가야 한다는 것을

사랑은 발로 하는 것이랍니다
내일
나는 발품 팔아 사랑하렵니다

사라진 이웃

옛날엔 이웃 있었다
가난한 저녁연기 냄새
비 오는 날 情 묻은 부침개 오고 가고
"함 사세요" 고함 소리에 같이 웃고 박수치고…
옛날엔 이웃 있었다

오늘, 이웃은 없다
한우 불고기 구이 냄새 난다, 소리치고
이사 떡 돌려도 혹시 독이? 버리고
"함 사세요" 고함소리에 119 경찰 부르고…
오늘, 이웃은 없다.

갑자기
여름철 매미가 걱정된다
목청 다해 노래 부르다가
주민의 신고로 잡혀가지 않을는지…

이웃 없는
단절의 시대
비 내리는 저녁 무렵
누런 비료 푸대 종이 덮어 가져다주었던
아랫집 장 씨네 김치부침개가 먹고 싶다

꿈틀대는 지렁이의 연설

나는
세상이 아무리 요란해도
그저 땅속을 기어 다니며
숨소리조차 없이 살고 있습니다

지렁이도 밟으면 꿈틀한다는 속담을 알면서도
왜 나를 밟습니까

먹이 한 번 준 적 없는 사람이
왜 날 잡아서 돈 받고 파십니까

날카로운 금속조각으로 푹 찌르고 또 찌르고
왜 내가 아플 거라고 생각 안 하십니까
땅속에서 찍소리 없이 살던 나를 바늘에 꿰어
왜 짜디짠 바닷속에 나를 던져놓고 있습니까

내가 그렇게 우습습니까
어두컴컴 습한 땅속에만 있다고 얕잡아 보십니까

아니면
내가 밥그릇 챙겨 달라고 지랄했습니까
내 자리 내놓으라고 삭발 단식 투쟁을 했습니까

내 비록 땅을 기는 존재이오나
선동하고 사기 쳐서 내 배 불리지 않았습니다
그랬으면 벌써 배 터져 죽었을 것입니다

야곱을 나와 같다고 하신 이유는 무엇이겠습니까
그저 인생들이 하는 짓이란
나만도 못하다는 거 아니겠습니까

그러면 어떻습니까
난 꿈틀꿈틀 땅속을 헤집고 다니며
대지의 숨구멍을 만들겠습니다

그 지독한 농약 제초제 너무 뿌리지 마시오
나도 죽고 흙도 죽어요
그리고…

저녁 뉴스

시청자는 어제도
팩트와 임팩트 사이에서
고개를 갸우뚱

독자는 오늘도
팩트와 오피니언 사이에서
온몸이 기우뚱

세상이 온통 기우뚱
사람들은 모두 갸우뚱

지구는 돌고
중심 못 잡고 빙글빙글 도는 우리나라
어찌 될까나

시에게

우리가 만난 지 70일
이른 봄이 벌써 입하를 불러왔는데
목요일 오후면 어김없이 만났지
처음엔 참 낯설어서 쭈뼛쭈뼛
사춘기 소녀처럼 얼굴이 붉어지고
널 만났다 헤어지면

지금에서야 말이지만

그 시간부터 네 생각
길가의 목련을 보아도 네 생각
들풀의 꽃을 보아도 네 생각
이팝나무를 보아도 네 생각뿐

이러다 상사병 걸리겠다 싶어
잠을 청해보노라면

네 얼굴이 더욱 선명해져
왠지 어머니 가족사진 아버지 생각하면 더욱 또렷하게
네 목소리가 귓전에 맴돌고 있어

시야
어쩌란 말이냐
이별의 시간이 다가오고 있는데
너를 잊을 수 있을까

짜장면을 먹어도 네 생각
명과를 먹어도 네 향기
대전-서울 구간 KTX에서도
너에게 이렇게 편지를 쓰고 있지 않니

아직은 속마음은 꺼내지도 못했는데
너에게 고백하고픈 사연이 많은데
변죽만 울린 것 같아 미안하기가 하늘 같아
벌써 70일이 되다니 아 야속한 세월

시야 어쩌란 말이냐...

약속

어느 날
외국인 노동자가
한국 사람은 거짓말쟁이라고 했다

어떤 속임수에 걸렸나
임금을 못 받았나
사기를 당했나

시작은
"언제 밥 한번 같이 먹어요"
정 많은 한국 사람 습관처럼 뱉은 말 한마디

두 번째 만나도 세 번째 만나도…
세월은 그렇게 흘러도
아직, 뼈해장국 한 그릇 먹은 적 없단다

내가 발행한 초대장
"밥 한번 먹어요"
누구에게 발송한 걸까
기억력 총동원해야겠다

당장에
노동자로 와 있는 미얀마 젊은 부부의 얼굴이 떠오른다
퀴즈 맞힌 선물로 밥 사기로 한…

만사 제치고
밥 사러 가야겠다
경기 광주 어느 공단으로

한국인은 거짓말쟁이
언제, 밥 한번 먹어요

5월의 슬픔

친구가 보내온
칠순 잔치 사진 속에서 찾을 수 없습니다
노안 때문에 그런가 하여 미간을 좁히며 찾아봅니다
아이들의 소리를 찾을 수 없습니다
늙어가는 친구 모습만 쓸쓸하게 들립니다

교실에서 옆에 앉은 詩友가 들려주었습니다.
결혼 7년 차 딸에게서 폭탄 같은 소리를 들었답니다
아이를 낳지 않기로 서약서 쓰고 결혼했다고…

앞에 있던 詩友가 뒤돌아보며 들려주었습니다
결혼 8년 차 딸 시아버지 칠순 잔칫날 종적 감추고
카톡으로 보내온 삭발 사진과 짧은 한마디
"나 볼 생각 말아라.
애 안 낳으려면…"

우리나라 인구소멸
예상 도시 소식에 가슴이 시려옵니다
유럽의 어느 나라 이야기가 아니고
내가 살던 마을이, 고향이, 읍면이
도시가 사라진다고 합니다

0.70 벽이 무너진 출산율
어린이날 먼저 사라질까
어버이날 먼저 사라질까

오월이 슬퍼집니다

오늘도 외쳤습니다
"생육하고 번성하여 땅에 충만하라"
새벽에도 축복했습니다
"우리의 자손의 자손 보기를…"

우렁각시 쌈밥집

"죽느냐 사느냐 이것이 문제로다"
햄릿
삶과 죽음 사이에서 갈등

"갈비 먹을까 등심 먹을까 이것이 문제로다"
화해 차 갈비집 간 부부
갈비와 등심 사이에서 갈등

사느냐 죽느냐의 심오함도 아닌 것을
갈등 그만
둘이 손잡고 우렁각시 쌈밥집 앞으로…

갈비 등심 뜯으며 갈등
뒤로하고
쌈밥 먹여주는
행복한 부부의 저녁이 아름답도다

제4부 베드로의 슬픈 연가

왜 그렇게 하셨을까
자월도의 새벽
은혜의 물
눈물의 맛
찾아오셨네
사해
고집쟁이
베드로의 슬픈 연가
신실하신 분
이별과 재회
뛰는 가슴
고마운 친구들
the Q & the A
인생은
자화상
더 멀리 더 가까이

왜 그렇게 하셨을까

왜 그렇게 하셨을까
자기를 비우시고
볼품없는 사람의 모양을 취하셨도다

왜 그렇게 하셨을까
침 뱉음 당하며 채찍 맞으시고
죄 없는 분이 십자가에서 처형당하셨도다

왜 그렇게 하셨을까
엘리 엘리 라마 사박다니
아들의 울부짖음도 외면하시고
물과 피, 다 쏟고 숨 거두게 하셨도다

왜 그렇게 하셨을까
우리가 아직 죄인 되었을 때
아들의 죽으심으로
하나님의 사랑을 확증하셨도다

자월도의 새벽

어둠이 머물러 있는
자월도 새벽 바다에
바람이 분다
물결이 친다

비가 흩날리며 통유리 벽을 때린다
잔인한 사월의 눈물처럼
주르르 흐른다

고난주간 기도원 새벽
봄기운 가득하다
죽은 듯한 수목이
빗물을 먹으며 소생하는 소리 들린다
대지를 헤집고 나오는 생명의 움트는 소리 들린다

울부짖듯 속삭이듯
주를 향한 기도 소리 들린다
주여!
오늘 하루라도 주님만 사랑하게 하소서
껍데기로 말고
속사람이 주님에 매여있게 하소서

은혜의 물

사마리아 우물가 남편 다섯인 여인
영원한 샘물 되신 예수 그리스도 만났고

그릿 시냇가 엘리야
까마귀로 먹이시던 하나님 보았고

요단강 문둥병 걸린 나아만 장군
계집종 말처럼 일곱 번 씻고 문둥병 고침 받았고

게네사렛 호수가에 두려워 떠는 제자들
풍랑을 꾸짖으셔서 잠잠케 하신 예수님이 하나님 이신 것을 알았고

예수 그리스도는
죄인들에게
영원한 생명 주시는 생명의 양식

목마른 자들에게
영원히 목마르지 않는 영생수

값없이 와서 마시라 하네
우리 주 예수 그리스도

눈물의 맛

애인과 헤어진
처녀의 눈물은 무슨 맛일까

부모님을 산소에 모시고 산을 내려오는
불효자의 눈물은 무슨 맛일까

조선제국이 주권을 빼앗긴 1910년
백성들의 눈물은 무슨 맛일까

조국 이스라엘의 타락과 멸망을 보고 탄식하는
예레미아의 눈물은 무슨 맛일까

세 번씩이나 예수를 모른다고 부인한
베드로의 눈물은 무슨 맛일까

영벌의 인생을 바라보시는
예수님의 눈물은 무슨 색일까

인생의 고초를 짊어지고
십자가 지고 가는 예수님의 눈물은 무슨 맛일까

인류의 죄악을 씻어낸 검디검은 맛일까
인생의 질고를 감당하신 쓰디쓴 맛일까

사랑의 맛
은혜의 맛이리라

찾아오셨네

머나먼 거기
높디높은 거기
찬란하기 그지없는 거기
거기서 오셨네

神이 오셨네
낮고 천한 말구유에 오셨네
사람으로 오셨네
환영하는 이 없는 이 땅에
스스로 그 머나먼 길 찾아오셨네

영원히 망한 자 찾아오셨네
신이 없다고 소리치는 자 찾아오셨네
친구를 위하여 자기 목숨을 버리면
이보다 더 큰 사랑 없다고 말씀하셨네

그리고
영원히 망한 자
신이 없다고 소리치는 자를 위해 죽으셨네
십자가에서 말일세

친구 빚을 다 갚아 주셨네
누구도 갚아 줄 수 없는
빚 청산해주셨네
십자가에서 쏟으신 물과 피로 말일세

우리 찾아오셔서
죄의 값을 다 지불해 주신
인류의 구원자 메시아
예수 그리스도를 모시어 들이세

死海

死海
물 샐 틈이 없다
들어온 요단강 물 모두 모아놓는다

빠져나갈
면도날만큼의 여백도 없다
사람들이 이 바다를
죽음의 바다라 부른다

여기저기 허점투성인 나
숭숭 구멍투성인 바보 나
난, 무슨 바다일까

물 샐 틈 없는 死海 앞에서
내 이름은 무엇일까

내 이름은
'그래도 살아야 海'

고집쟁이

왜 이리 고집이 센지
내가 익숙한 이 길로 간다는데
함께 산 지 몇 년인데…
"백 미터 앞에서 유턴하세요"

왜 이리 눈치가 없는지
내가 가고 싶은 도로로 간다는데
주인의 생각도 모르면서…
"땡, 땡, 땡 경로를 이탈하였습니다"
주인님의 마음을
모르는 척 일부러 못 들은 척
나랑 어쩌면 그렇게
쏙 빼다 박았을까

주인님의
마음 내비게이션을 켜야겠다
유턴도 경로 이탈도 없이 순종하며
주님의 인도를
전심으로 따르겠나이다

베드로의 슬픈 연가
-김소월의 '초혼'을 패러디 한 시-

갈기갈기 찢기고 찔린 이름이여
해골 골짜기 십자가에 달린 이름이여
목 놓아 부르고 또 부를 이름이여
부르다가 내가 죽어도 영광스러운 이름이여

목젖까지 얹혀있는 말 한마디는
끝끝내 하지 못하였습니다
사랑하던 퀴리오스시여
사랑하는 나의 주님이시여

붉은 해는 흑암으로 온 땅을 덮었고
닭들도 목청 높혀 슬프게 웁니다
멀찌감치 떨어진 담벼락 밑에서
나는 당신의 이름을 부릅니다

통곡에 겹도록 부릅니다
절망에 겹도록 부릅니다
부르는 소리는 허공으로 흩어지지만
빌라도 법정 담벼락이 너무 높습니다

땅끝마을 돌고 돌다가 돌에 맞아도
외치다가 내가 죽을 이름이여
사랑하는 예수시여
사랑하는 주님 그리스도시여

"주님은 그리스도시며 살아계신 하나님의 아들이십니다"

신실하신 분

그분은
食言치 않는 분이다
말씀하신 약속을 성취하시는 분이다

멸망의 어두운 구렁텅이에서
허덕이는 우리네 인생
건져주시겠다고 말씀하신 분이다

아들을 십자가 극형에 죽게 하시면서까지
나를 살려내어 광명의 빛으로 들어가게 하신 분이다

食言치 않으시는 그분이
약속하셨다

누구든지 예수의 이름을 부르는 자는
멸망치 않고 구원을 얻으리라

그분은
신실하신 좋으신 하나님이시다

이별과 재회

땅에 뿌렸다
손에 고이고이 쥐고 있던 것
눈물 머금고
땅에 묻었다
한 줌 흙을 더 얹어 덮었다
뒤돌아섰다

비 내리고 바람 지나간 이른 아침
피어오르는 물안개를 가르고
발걸음 옮겨 거기에 갔다

뿌렸던 알갱이
다른 모습의 존재로
새싹이 되어 땅을 뚫고 얼굴 내밀며 인사한다

이별을 고하고
땅에 떨어져 죽고 썩은 한 알의 밀알
숱한 열매 맺는 나무가 되어
다시 만난 재회의 기쁨의 아침이어라

뛰는 가슴
-윌리엄 워즈워스의 '무지개'를 패러디 한 시-

십자가 달리신 예수 그리스도 바라보면

내 가슴은 뛰노라
나 어린 시절에도 뛰었고
어른 된 지금도 그러하고
늙어서도 그러하리

하늘의 무지개를 보아도 가슴이 뛰거늘
날 구원하신 예수 이름 불러도
가슴 뛰는 일이 없노라면
죽은 믿음일세
생명 없는 신앙일세

처음 된 자는 나중 된 자의 아버지
바라노니
하늘의 무지개를 볼 때마다 뛰는 가슴
십자가 예수 부를 때마다
뜨겁게 뛰기를 바라노라

고마운 친구들

나는 요즈음
세계 여행을 하는 것 같다
글러벌 시대는 사는 것이 분명하다
앗살라마리꿈 인사하고
국에 들어간 고기가 할랄 음식이 아니라고
채소만 먹는
아프카니스탄 5명의 가족

키가 장승처럼 큰 수단 형제

밍글라바 인사하고
미얀마 젊은 부부

쭘리업 쑤어 인사하고
39살 된 은행원 출신 캄보디아 친구

쎈베노 인사하고
타일공에 도전한 몽골 여성

중우하오 인사하고
캠퍼스에 사는 젊은 대학생

신짜오 인사하고
베트남 젊은 엄마와 딸

또 앗살라마레이꿈 인사하고
일체의 육류를 먹진 않는 수염을 덥수룩하게 기른
파키스탄 형제

아유보안 인사하고
자녀 셋과 함께 오는 스리랑카 가족

매 주일
이들과 lunch를 한다
각국에서 온 손님들과 말이다

다음 주엔 무슨 인사를 준비하여
어느 나라에서 온 멋진 이들과 점심을 먹을까
생각할수록
가슴이 벌름거린다

고맙다
찾아와 주어서
나랑 밥을 같이 먹어주어서
고마운 친구들에게
복된 소식
하나님이 친구를 사랑한다고 알려주고 싶다
그리고
나도 친구를 사랑한다고…

the Q & the A

the 심오한 질문?
선생님들,
제가 어떻게 하여야 구원을 받을 수 있겠습니까?

the 명확한 대답!
주 예수를 믿으십시오.
그러면,
당신과 당신의 집안이 구원을 얻을 것입니다!

인생은

혹자는

인간은
환상일 뿐이라 하고

인생은
다만 윤회
전생의 돌고 도는
업보의 탓이라고 하지만

전능자는
육체에 영혼이 불어 넣어져
생명체가 된 존재라고 하고

인생은
한 번 태어나고
한 번 죽을 뿐
돌고 돌지 않고
죽음 뒤에 심판이 있다고

전능자의 소리가 들리네
우리를 영생의 동산으로 부르는
사랑의 소리

자화상

존재론적 질문 앞에 나를 세워봅니다
나는 어떤 존재일까

보이는 육신
들이쉬고 내쉬는 호흡
보이지 않는 영혼
이것이 나

육신이 없으면 나 아니고
호흡이 없으면 나 없고
영혼이 없으면 사람 아니지
나 사람인데

육신 호흡 영혼 주신
존재의 근원 앞에 나를 세워봅니다
나는 어떻게 존재하게 되었을까

육신도
호흡도
영혼도
생명의 근원이신 분의 형상을 따라 지음받은 존재
이것이 나

목적론적 세계관 앞에 나를 세워봅니다
나는 왜 존재하고 있을까

사는 것도 죽는 것도
숨 한 번 들이쉬고 내쉬는 것도
먹든지 마시든지 무엇을 하든지
창조주의 영광을 위하여 살아야 하는 존재
이것이 나

무슨 재주로 이렇게 살 수 있으랴
죄인 중의 괴수에게 무슨 선한 것이 있으랴
절망과 부정함과 교만에 빠져 있는 존재
이것이 나

주 예수 그리스도의 은혜
은혜로만 살 수 있는
전적 그리스도 의존적 존재
이것이 나

은혜 아니면
살아갈 수 없는 존재
이것이 나입니다

더 멀리 더 가까이

멀리
더 멀리
멀리 두어야 할 놈
친하게 지내다니

가까이
더 가까이
가까이 섬겨야 할 분
멀찌감치 떨어져 지내다니

죄는
점점 멀리 더 멀리
주님은
점점 가까이 더 가까이

주께 더 나가기 원하나이다
날마다
날마다

에필로그

보고 또 보아도

결국엔,
내가 살던
가마골에 얽힌 이야기입니다.

결국엔,
내 가족의 희로애락 스토리텔링입니다.

결국엔,
내 삶 언저리의 이리저리
얽히고 걸어온 사연입니다.

결국엔,
내가 믿고 있는 전능자
사랑의 하나님에 대한 고백입니다.

부끄럽게도,
나의 안목과 깊이와 관찰과
사색의 부족함은 감출 수가 없습니다.

보고 또 보아도 그렇습니다.

결국엔 이렇게 소곤거려봅니다.
'혹시라도 두 번째 시집을 낸다면,
그땐 나아질 것'이라고 말입니다.

두루두루 감사합니다.

**2024년 한여름 어느 날
시인·목사 김 종 구**

시골소리 부르는
고향의 냄새

초판 인쇄	2024년 06월 07일
초판 발행	2024년 06월 11일
지은이	김 종 구
발행처	다담출판기획 TEL : 02)701-0680
	서울시 영등포구 영신로30길 14, 2층
편집인	박 종 규
등록일	2021년 9월 17일
등록번호	제2021-000156호
ISBN	979-11-93838-07-5 03800
가격	13,000원

본 책은 지은이의 지적재산이므로 무단전재와 복제를 금합니다.